PARTYREZEPTE

Nichts wie ran ans Büfett!

Autor: Martin Kintrup | Fotos: Anke Schütz

INHALT

TIPPS UND EXTRAS

8 FINGERFOOD

22 SALATE & DIPS

34 AUS DEM TOPF UND AUS DEM OFEN

Das grüne Blatt bei den Rezepten heißt fleischloser Genuss:
Mit diesem Symbol sind alle vegetarischen Gerichte gekennzeichnet.

48 SÜSSE SÜNDEN

LET'S GET THE PARTY STARTED!

Partys sind so individuell wie die Menschen, die sie veranstalten und besuchen. Ein paar Tipps & Tricks haben sich aber bewährt.

Klassenparty, erster Kuss, Tante Helgas fünfzigster Geburtstag, zum ersten Mal Alkohol getrunken und die Nacht durchgetanzt: Partys sind intensives Leben, begleiten uns durch alle Altersstufen, schaffen Erinnerungen und unvergessliche Erfahrungen. Dabei versteht jeder unter einer gelungenen Party etwas anderes – sei es ein gemütliches Beisammensein auf dem Sofa oder eine exzessive Tanzparty. Und während sich manche Gäste nur zögerlich an Bier und Büfett heranwagen, leeren andere hemmungslos den Kühlschrank. Daher liegt es mir fern, erklären zu wollen, wie und was eine Party perfekt macht. Sie als Gastgeber kennen Ihre Gäste am besten und können einschätzen, welche Vorlieben sie haben. Und klappt etwas nicht: So what? Partys leben auch davon, nicht perfekt zu sein – Ausgelassenheit, Spaß und Kontrollverlust gehören dazu. Ein paar Tipps zur Organisation möchte ich Ihnen aber gern an die Hand geben (siehe Außenklappe hinten).

BESTECK UND GESCHIRR

Eine große Party stellt eine echte Herausforderung für einen Haushalt dar – denn wer nicht nur Fingerfood servieren möchte, benötigt eine Menge Geschirr und Gläser. Da die meisten Haushalte nur für 8 bis 12 Personen ausgestattet sind, wird das einheitliche Geschirr schnell knapp. Wer jedoch Wert darauf legt, kann sich bei einem Cateringservice schlichtes Geschirr und Besteck auch für große Gruppen leihen. Wegwerfgeschirr und -besteck kann bei größeren Partys sehr praktisch sein – aus optischen und ökologischen Gründen empfehle ich es jedoch nicht. Viel besser: ein bunter Geschirrmix im Flohmarktlook! Graben Sie das alte Goldrand-Geschirr von Oma aus, leihen Sie sich etwas von Nachbarn und Familie oder ergänzen Sie den Bestand durch Geschirr aus dem Secondhandshop, je nach Stilrichtung von klassisch über edel bis skurril. Stapeln Sie die verschiedenen Teller bunt gemischt neben dem Büfett. So wird aus der Improvisation ein bewusstes Stilmittel.

BÜFETTZUBEHÖR UND DEKO

Ihre kulinarischen Kreationen haben es verdient, auf dem Büfett richtig in Szene gesetzt zu werden. Ein großer Tisch – notfalls auch ein Tapeziertisch – eignet sich für eine gelungene Präsentation. Haben Sie einen rustikalen Holztisch, wird keine Tischdecke benötigt. Alternativ können Sie das Büfett auf der Arbeitsplatte in der Küche aufbauen. Besitzen Sie nur einige kleine Tische? Dann sorgen mehrere gleiche Tischdecken – entweder vornehm weiß oder rustikal kariert – für einen einheitlichen Look. Sortieren Sie die Tische am besten nach Gängen, z. B. aufgeteilt in Fingerfood, Salate, Brot mit Dips und Desserts. Edles Fingerfood macht sich sehr gut auf Servierplatten aus Porzellan oder Edelstahl (viel Auswahl im Secondhandshop), und auf einer schicken Etagere werden kleine Häppchen oder Desserts im Glas zu echten Schmuckstücken. Zum Brotschneiden und Anrichten dient am besten ein großes rustikales Holz-Schneidebrett. Eine bunte Auswahl an Schüsseln oder Schälchen für Salate, Dips und Chips, Löffel, Messer, Besteck und Servietten komplettieren das Büfettzubehör. Zusätzliche Deko ist da kaum vonnöten: Tisch, Geschirr und Küchenkreationen sind bunt genug und stehen für sich. Hilfreich und hübsch sind aber mit den Rezeptnamen beschriftete Papierkärtchen oder -fähnchen. Und ein Kerzenleuchter im Hintergrund vermittelt eine edle Atmosphäre. Je nach Jahreszeit können außerdem Mini-Narzissen im Topf, bunte Blütenblätter, Kastanien oder Tannenzapfen Deko-Akzente setzen.

GLÄSER UND GETRÄNKEZUBEHÖR

Dass auf Partys viel getrunken wird, versteht sich von selbst. Aus Erfahrung halten sich die meisten Biertrinker an die Flasche. Eine große Anzahl Biergläser wird also nur benötigt, wenn frisch vom

Fass gezapft wird. Die Gläser dann am besten gleich zusammen mit Zapfanlage und Fass beim Getränkeservice bestellen. Wein- und Sektgläser sind auf Partys eine heikle Sache, da sie schnell umgestoßen werden: Pfützen und Scherben lassen sich daher kaum vermeiden. Praktischer und optisch ebenfalls ansprechend sind Weingläser ohne Stiel, ganz einfache Wassergläser tun es aber in der Regel auch. Ausnahme: Für den Empfang oder zum Anstoßen an Geburtstag oder Neujahr dürfen es auch echte Sektgläser sein. Diese danach möglichst schnell wieder in Sicherheit bringen. Für Cocktails oder Longdrinks gehören neben soliden Cocktailgläsern auch Crushed Ice, Bio-Limetten und Bio-Zitronen, ein Stößel, z. B. für Caipirinha, Strohhalme und gegebenenfalls ein Cocktailshaker zur Standardausrüstung.

SALATBAR DE LUXE

Ob herzhaft oder fruchtig – an diesem edlen Salatbüfett für 12 Personen kann sich jeder seinen ganz persönlichen Lieblingssalat zusammenstellen!

1 BLATTSALATE

Sie sind die Basis für viele edle Salate – für 12 Personen reichen etwa 500 g frische Blätter. Im späten Frühjahr und Sommer haben fast alle Salate (z. B. Lollo rosso, Eichblattsalat oder Rucola) Saison. Feldsalat, Chicorée oder Endivie springen im Herbst und Winter ein. Für einen fröhlichen Farbklecks sorgen junge Mangold- und Rote-Bete- oder Radicchio-Blätter. Gründlich waschen und trocken schleudern, die Blätter in mundgerechte Stücke zupfen. In einer Glasschüssel anrichten und ein passendes Salatbesteck dazulegen.

2 SENFDRESSING MIT KÜRBISKERNÖL

120 ml Rotweinessig, 3 EL Honig, 2 EL Dijonsenf und 1 EL mittelscharfen körnigen Senf glatt rühren. Nach Belieben 1 geschälte Knoblauchzehe dazupressen. 120 ml Rapsöl und 4 EL Kürbiskernöl unterschlagen. Salzen und pfeffern und in einer kleinen Karaffe auf das Büfett stellen.

3 PORTWEIN-BEEREN-DRESSING

400 ml roten Portwein in einen Topf gießen und offen bei mittlerer Hitze auf die Hälfte einkochen lassen. 100 g gemischte TK-Beeren dazugeben, nochmals auf die Hälfte einkochen, vom Herd nehmen und abkühlen lassen. 1 EL Honig und 80 ml Rotweinessig unterrühren, nach und nach 150 ml neutrales Öl mit dem Schneebesen unterschlagen. Mit Kräutersalz und Pfeffer würzen und in einer kleinen Karaffe auf das Büfett stellen.

4 HONIGFEIGEN MIT ROSMARIN

12 frische Feigen waschen und vierteln. In einer großen Pfanne 2 EL Honig aufkochen lassen, Feigen und 2 TL grob gehackte Rosmarinnadeln darin 2 Min. schwenken. Mit 2 EL Aceto balsamico ablöschen, salzen, pfeffern und anrichten.

5 GERÖSTETE KÜRBISKERNE

100 g Kürbiskerne in einer Pfanne ohne Fett anrösten, bis sie zu knacken beginnen. Vom Herd nehmen und in einem Schälchen anrichten.

6 FRISCHE KRÄUTER

2 Bund Schnittlauch waschen, trocken tupfen und in feine Röllchen schneiden. Kresse von 2 Beeten schneiden. Beides in Schälchen anrichten.

7 TOMATEN & FETA

250 g halbgetrocknete Tomaten (in Öl eingelegt) abtropfen lassen. 200 g Feta würfeln. Beides vorsichtig mischen, in einem Schälchen anrichten.

8 TRAUBEN & WALNÜSSE

150 g kernlose Trauben waschen, trocken tupfen und von den Stielen zupfen. Mit 150 g Walnusskernen in einem Schälchen anrichten.

9 THYMIAN-CROÛTONS

6 Scheiben Weißbrot würfeln. In 100 ml Öl anbraten, dabei 1 TL Thymianblättchen dazugeben. Auf Küchenpapier entfetten und anrichten.

7
5
4
2
3
8
1
6
9

FINGERFOOD

Das reinste Partyvergnügen: Mini-Häppchen vom Büfett zu stibitzen, von der Hand in den Mund wandern zu lassen und zu genießen! Sie werden sehen, von verführerischen Kleinigkeiten wie deftigen Zwiebelkuchen-Toasties, herzhaften Pintxos oder feinen Filotörtchen mit Lachs kann garantiert kein Gast die Finger lassen.

PINTXOS VARIADOS

In Spanien, besonders im Baskenland, liebt man diese Edelversion der Tapas. Die üppig belegten Brote werden mit einem Spieß – dem Pincho oder Pintxo – zusammengehalten.

3 Eier (M)
50 g gehackte Mandeln
150 g spanischer Käse am Stück (z.B Ibérico oder Manchego)
1 Knoblauchzehe
2 EL Olivenöl
Kräutersalz | Pfeffer
12 gekochte Garnelen (ca. 100 g, geschält)
12 eingelegte Grillpaprikastücke (ca. 200 g, aus dem Glas)
3 Feigen
1 Baguette (ca. 8 cm ∅, ca. 40 cm lang)
100 g Aioli (aus dem Glas)
12 dünne Scheiben Serranoschinken (ca. 150 g)

Außerdem:
24 Holzspieße

Spanische Schnittchen

Für 24 Stück | 30 Min. Zubereitung
Pro Stück ca. 110 kcal, 5 g EW, 9 g F, 2 g KH

1 Eier in 7 Min. hart kochen. Inzwischen für das Mandel-Honig-Pesto Mandeln in einer Pfanne ohne Fett hellbraun anrösten. Käse entrinden, 30 g davon ebenfalls würfeln, den Rest in 12 Scheiben schneiden. Knoblauch schälen und fein würfeln. Zwei Drittel der Mandeln mit Knoblauch, gewürfeltem Käse, 50 ml Wasser und Olivenöl fein pürieren. Pesto mit Kräutersalz und Pfeffer würzen, die restlichen Mandeln unterrühren.

2 Eier kalt abschrecken, pellen und vierteln. Garnelen in ein Sieb geben, kalt abspülen und abtropfen lassen. Paprika ebenfalls abtropfen lassen. Feigen waschen und vierteln. Das Baguette in 24 Scheiben schneiden, diese jeweils dünn mit Aioli bestreichen.

3 Den Schinken in Wellenform auf 12 Bageuttescheiben legen. Jeweils 1 Scheibe Käse und 1 Klecks Pesto daraufgeben, 1 Feigenviertel daraufsetzen und mit 1 Holzspieß feststecken.

4 Restliche 12 Brotscheiben mit Grillpaprika, Ei und Garnelen belegen, diese ebenfalls mit Holzspießen befestigen. Mit Kräutersalz und Pfeffer würzen. Die Pintxos auf einer Platte anrichten.

TIPP

Aioli, die beliebte Knoblauchcreme, kann man auch schnell selbst machen. Einfach 2–3 Knoblauchzehen schälen und fein hacken. Mit 1 EL Zitronensaft, ½ TL Senf und 2 frischen Eigelben in einer kleinen Schüssel mit dem Schneebesen verquirlen. Dann tröpfchenweise jeweils 125 ml Oliven- und Sonnenblumenöl unterrühren. Zum Schluss die Creme mit Kräutersalz und Pfeffer würzen und je nach Konsistenz noch mit 1–2 EL Wasser verdünnen.

ZIEGENKÄSE-SCHIFFCHEN

50 g Haselnusskerne | 1½ TL schwarze Pfefferkörner | 400 g Ziegenfrischkäsetaler | 3 Salatherzen | 100 g Honigsenf | 100 g Himbeeren | 2 Beete Kresse

Appetithäppchen

Für 24 Stück | 25 Min. Zubereitung
Pro Stück ca. 70 kcal, 3 g EW, 5 g F, 2 g KH

1 Haselnüsse grob hacken, mit Pfeffer in einer Pfanne bei mittlerer Hitze leicht anrösten. Herausnehmen, kurz abkühlen lassen und im Blitzhacker fein mahlen. Den Ziegenfrischkäse in 24 Portionen teilen, jeweils mit den Händen zu mandelgroßen Klößchen formen und rundum in der Nuss-Pfeffer-Mischung wenden.

2 Von den Salatherzen 24 kleine Blätter abpflücken (Rest anderweitig verwenden). Blätter waschen und trocken schleudern. Blattrippen an der Unterseite flach schneiden, damit die Blätter glatt liegen. ½–1 TL Senf auf jedes Blatt geben, darauf den Ziegenkäse und je 1 Himbeere setzen. Kresse vom Beet schneiden und darüberstreuen.

ZWIEBELKUCHEN-TOASTIES

2 Zwiebeln | 100 g Speckwürfel | 2 EL Öl | ½ TL gemahlener Kümmel (nach Belieben) | 2 EL Aceto balsamico bianco | 200 g saure Sahne | 2 Eier (M) | 100 g Bergkäse | Kräutersalz | Pfeffer | 10 Scheiben Sandwichtoast

Herbstlich deftig

Für 40 Stück | 15 Min. Zubereitung | 20 Min. Backen
Pro Stück ca. 65 kcal, 2 g EW, 4 g F, 5 g KH

1 Backofen auf 200° vorheizen. Zwiebeln schälen und fein würfeln. Mit dem Speck in einer Pfanne bei mittlerer Hitze im Öl glasig dünsten. Nach Belieben mit Kümmel würzen. Mit Essig ablöschen, vom Herd nehmen. Saure Sahne und Eier verrühren. Käse reiben, mit der Zwiebelmischung unter die Eiermasse heben, salzen und pfeffern.

2 Toastscheiben mit der Zwiebelmasse bestreichen. Auf dem mit Backpapier ausgelegten Blech im heißen Backofen (Mitte) in 15–20 Min. goldbraun backen. Toastscheiben herausnehmen und diagonal in je 4 Dreiecke schneiden.

MOZZARELLA-TRAMEZZINI

30 g Basilikum | 200 g Mayonnaise | 2 Knoblauchzehen | 1 Zucchino (ca. 250 g) | Olivenöl zum Braten | Kräutersalz | Pfeffer | 3 Tomaten | 2 Kugeln Büffelmozzarella (à 125 g) | 12 Scheiben Toastbrot | 80 g gehackter Schnittlauch

Kräuterfeine Gaumenschmeichler

Für 24 Stück | 25 Min. Zubereitung
Pro Stück ca. 150 kcal, 4 g EW, 11 g F, 9 g KH

1 Basilikum waschen, trocken tupfen, Blätter mit Mayonnaise pürieren. Knoblauch schälen, dazupressen. Zucchino quer halbieren, jede Hälfte längs in 6 Scheiben schneiden, jeweils in Öl anbraten, salzen und pfeffern. Tomaten waschen, jede in 8 Scheiben schneiden, Mozzarella abtropfen lassen, jede Kugel in 12 Scheiben schneiden.

2 Toast mit Basilikum-Mayo bestreichen, 6 Scheiben mit je 4 Tomaten-, 4 Mozzarella- und 2 Zucchinischeiben belegen. Restliche Brotscheiben darauf andrücken, Ränder abschneiden. Brote diagonal in je 4 Dreiecke schneiden. Die Schnittkanten mit Mayo bestreichen und in Schnittlauch wenden.

MINIPAPRIKA MIT PESTOLINSEN

100 g Belugalinsen | Salz | 1 Knoblauchzehe | 60 g Pecorino | 30 g Basilikum | 2 EL Zitronensaft | 2 EL Olivenöl | 1 TL Honig | Pfeffer | 1 Apfel (z. B. Elstar) | 30 g Pinienkerne | 12 Minipaprika

Knackfrisch & aromatisch

Für 24 Stück | 40 Min. Zubereitung
Pro Stück ca. 45 kcal, 2 g EW, 3 g F, 4 g KH

1 Linsen nach Packungsanweisung gar kochen, nach 10 Min. salzen. Für das Pesto den Knoblauch schälen, die Hälfte des Käses grob würfeln. Basilikum waschen, trocken tupfen, Blätter abzupfen. Alles mit Zitronensaft, Öl und Honig pürieren, salzen und pfeffern. Die Linsen in ein Sieb abgießen, kalt abspülen und abtropfen lassen.

2 Den Apfel waschen, halbieren und entkernen, die Hälften würfeln. Die Pinienkerne ohne Fett hellbraun anrösten. Linsen, Pinienkerne und Apfel mit dem Pesto mischen, 5 Min. ziehen lassen. Paprika längs halbieren, entkernen, waschen und abtrocknen. Pesto-Linsen-Mischung hineinfüllen und restlichen Käse darüberbröseln.

SALTIMBOCCA-POPS MIT BIRNEN

Die fruchtig-aromatische Birnen-Salbei-Füllung macht diese herzhaften Lollis zu einem ganz besonderen Genuss!

1 große feste Birne (z. B. Abate Fetel)
30 g Salbei
20 g Butter
2 TL schwarze Pfefferkörner
2 TL Mehl
2 EL Aceto balsamico bianco
Salz
4 kleine, dünne Kalbsschnitzel (à 100 g)
28 Scheiben luftgetrockneter Schinken (ca. 350 g)
1 EL Butterschmalz
Außerdem:
24 Holzspieße

Sti(e)lvoll genießen

Für 24 Stück | 1 Std. 15 Min. Zubereitung
Pro Stück ca. 65 kcal, 8 g EW, 3 g F, 1 g KH

1 Birne halbieren, Kerngehäuse entfernen. Die Hälften schälen, längs halbieren, in dünne Scheiben schneiden. Salbei waschen, trocken tupfen, die Blätter abzupfen. 24 große Blätter beiseitelegen, den Rest fein hacken.

2 Butter in einer Pfanne erhitzen. Birnen und gehackten Salbei darin ca. 5 Min. andünsten, bis die Birnen knapp gar sind. Pfeffer zerstoßen, dazugeben. Das Mehl darüberstäuben und kurz mit anschwitzen. Mit Essig ablöschen (Bild 1) und diesen einkochen lassen. Birnenscheiben salzen und vom Herd nehmen.

3 Kalbsschnitzel abtrocknen, zwischen zwei Lagen Frischhaltefolie mit dem Fleischklopfer flach klopfen. Von beiden Seiten salzen und mit je 1 Scheibe Schinken belegen. Birnenscheiben jeweils auf der schmalen Seite 5 cm breit darauf verteilen, von der belegten Seite her aufrollen (Bild 2).

4 Den Backofen auf 120° vorheizen. ½ EL Butterschmalz in einer Pfanne erhitzen. Fleischrollen darin etwa 4 Min. rundherum anbraten. Herausnehmen und kurz ruhen lassen.

5 Fleischrollen in je 6 Scheiben schneiden. Je 1 Salbeiblatt, dann 1 Fleischscheibe auf die schmale Seite einer Schinkenscheibe legen. Ränder einklappen (Bild 3) und alles nach oben hin aufrollen. Scheiben portionsweise kurz von beiden Seiten im restlichen Butterschmalz anbraten. Im Backofen auf dem mit Backpapier ausgelegten Rost (Mitte) 5 – 7 Min. ziehen lassen.

6 Fleisch aus dem Ofen nehmen, Flüssigkeit abtropfen lassen. Abgekühlt auf Holzspieße stecken, in hohen Gläsern servieren.

1

2

3

Yummi

TORTILLASTICKS MIT CHORIZO

250 g gekochte Pellkartoffeln (vom Vortag) | ½ rote Zwiebel | 1 rote Paprikaschote | 4 EL Olivenöl | Kräutersalz | 4 Eier (M) | ½ TL edelsüßes Paprikapulver | Pfeffer | 24 dünne Scheiben Chorizo (ca. 50 g) | 24 gemischte Oliven (ca. 150 g, ohne Stein) | 24 Holzspieße

Spanische Büfett-Armada

Für 24 Stück | 35 Min. Zubereitung | Mind. 20 Min. Abkühlen
Pro Stück ca. 55 kcal, 2 g EW, 4 g F, 2 g KH

1 Kartoffeln pellen, in Scheiben schneiden. Zwiebel schälen und grob würfeln. Paprika längs halbieren, entkernen, waschen und würfeln. In einer beschichteten Pfanne (20 cm Ø) 2 EL Olivenöl erhitzen. Paprika und Zwiebeln darin offen 2 Min. anbraten. Kartoffeln dazugeben, in weiteren 7 Min. hell anbraten, dabei wenden. Leicht salzen.

2 In einer Schüssel Eier mit Paprikapulver, Pfeffer und 1 TL Kräutersalz verrühren. Kartoffeln untermischen. Erneut 1 EL Öl in der Pfanne erhitzen, Eier-Kartoffel-Masse zugedeckt 5 Min. darin anbraten, bis sie gestockt ist. Auf einen Teller stürzen. Restliches Öl in die Pfanne geben, Tortilla wieder hineingleiten lassen, zugedeckt in ca. 5 Min. fertig braten. Auf einen Teller gleiten und abkühlen lassen.

3 Tortilla in 24 Dreiecke schneiden. Je 1 Scheibe Chorizo am Rand mit 1 Holzspieß durchstechen, dann 1 Olive aufspießen und Chorizoscheibe am anderen Ende wieder durchstechen. Je 1 Olivenspieß in die Tortilladreiecke stecken.

KRÄUTER-KEFTEDES

2 Zwiebeln | 30 g Minze | 800 g Hackfleisch (vom Schwein oder vom Lamm) | 100 g Paniermehl | 2 Eier (M) | 2 EL Thymianblättchen | abgeriebene Schale von 2 Bio-Zitronen | 4 Knoblauchzehen | Kräutersalz | Pfeffer | 200 g Feta | Öl zum Braten | 250 g eingelegte, halbgetrocknete Kirschtomaten (Feinkosttheke oder Antipastistand auf dem Markt) | 32 Holzspieße

Griechischer Klassiker

Für 32 Stück | 40 Min. Zubereitung
Pro Stück ca. 100 kcal, 6 g EW, 7 g F, 3 g KH

1 Die Zwiebeln schälen und sehr fein würfeln. Die Minze waschen und trocken tupfen. Die Blätter abzupfen, 32 Blätter beiseitelegen, den Rest in Streifen schneiden oder klein zupfen. Hackfleisch, Zwiebeln, Paniermehl, Eier, Minzestreifen, Thymian und Zitronenschale in eine große Schüssel geben. Den Knoblauch schälen und dazupressen. Die Fleischmasse mit Kräutersalz und Pfeffer würzen und kräftig mit den Händen verkneten.

2 Den Feta in 32 Würfel schneiden. Dann die Fleischmasse in 32 gleich große Portionen teilen. Jeweils flach drücken, 1 Fetawürfel mittig daraufsetzen, gut verschließen und in den Händen zu Kugeln rollen. Das Öl in einer Pfanne erhitzen. Die Fleischbällchen im heißen Öl in zwei Portionen in 7–8 Min. rundherum braun braten und auf Küchenpapier entfetten.

3 Auf die Holzspieße zunächst jeweils 1 Tomate, 1 Minzeblatt und 1 weitere Tomate stecken. Zum Schluss jeweils 1 Fleischbällchen daraufstecken.

FILOTÖRTCHEN MIT LACHS

Kunstvoll genießen: Diese Mini-Knuspertörtchen sind nicht nur ein Augenschmaus, sondern auch ein geschmackliches Highlight.

400 g Brokkoli
100 g Crème fraîche
4 Eier (M)
2 EL leichte Salatmayonnaise
1 EL Dijonsenf
2 TL geriebener Meerrettich (frisch oder aus dem Glas)
2 EL Limettensaft
Kräutersalz | Pfeffer
2 rote Äpfel (z. B. Gloster oder Pinova)
600 g Räucherlachs
100 g Butter
12 Blätter Filoteig (à ca. 47 × 36 cm; aus dem türkischen Lebensmittelgeschäft)

Außerdem:
12er-Muffinform

Zum Gäste-Beeindrucken

Für 24 Stück | 1 Std. 15 Min. Zubereitung | 30 Min. Backen
Pro Stück ca. 220 kcal, 10 g EW, 17 g F, 8 g KH

1 Den Brokkoli in kleine Röschen teilen und waschen. In einem Topf mit Dämpfeinsatz über kochendem Wasser in 5 Min. bissfest dämpfen. Inzwischen für den Guss Crème fraîche mit Eiern, Mayonnaise, Senf, Meerrettich und Limettensaft glatt rühren. Mit Kräutersalz und Pfeffer abschmecken.

2 Brokkoli in ein Sieb abgießen und kalt abschrecken. Abtropfen lassen und mit der Salatschleuder trocken schleudern. Stiele der Brokkoliröschen kürzen, dann die Röschen in dünne Scheiben schneiden. Äpfel waschen, die Kerngehäuse ausstechen. Äpfel dünn hobeln. Den Lachs in ca. 3 cm breite Streifen schneiden.

3 Backofen auf 200° vorheizen. Butter schmelzen. Nacheinander je 1 Teigblatt auf die Arbeitsfläche legen, quer halbieren. Jede Hälfte mit Butter bestreichen, dann längs zusammenklappen. Erneut mit Butter bestreichen, dann ein Teigdrittel auf das mittlere Drittel und das äußere Teigdrittel ebenfalls zur Mitte hin klappen.

4 Eine Tasse oder ein Schälchen (11 – 12 cm ∅) mit der Öffnung nach unten auf den Teig stellen, mit einem spitzen Messer rundherum schneiden, sodass ein Kreis entsteht. Auf diese Weise aus 12 Teigblättern 24 Teigkreise herstellen. Jeweils 1 Teigkreis in je eine Mulde des Muffinblechs drücken, den Rest beiseite legen.

5 Törtchen zunächst entlang des Teigrands hochkant mit einem Streifen Lachs auslegen, dann jeweils 1 EL Guss hineingeben. Apfelscheiben (mit der Schale nach oben) und Brokkolischeiben abwechselnd hochkant hineinsetzen. Ein kleines Stück Lachs zusammenrollen und in die Mitte setzen, sodass die Törtchen am Ende wie Blüten aussehen.

6 Die Törtchen mit ein wenig Guss beträufeln, dabei sollen die Zutaten noch aus dem Guss herausschauen. Im heißen Backofen (Mitte) ca. 15 Min. backen, bis der Guss gestockt ist und die Törtchen leicht gebräunt sind. Die Törtchen aus der Form nehmen, die Form abkühlen lassen. Mit den restlichen 12 Teigkreisen und den restlichen Zutaten die übrigen Törtchen zubereiten.

WRAP-BITES MIT HÜHNCHEN

250 g Hähnchenbrust | 1 EL Öl | 1 EL Mehl | 1 rote Paprikaschote | ½ Mango | 100 g Eisbergsalat | 4 Frühlingszwiebeln | Kräutersalz | Cayennepfeffer | 6 weiche Weizentortillas | 150 g Frischkäse | 200 g Mangochutney (aus dem Glas)

Texmex-Rollen de luxe

Für 36 Stück | 45 Min. Zubereitung
Pro Stück ca. 75 kcal, 3 g EW, 2 g F, 12 g KH

1 Die Hähnchenbrust kalt abspülen und trocken tupfen. Das Öl in einer Pfanne erhitzen. Das Fleisch in Mehl wenden, überschüssiges Mehl abklopfen. Das Hähnchenfleisch offen von beiden Seiten in jeweils 2 Min. hellbraun anbraten. Bei schwacher Hitze zugedeckt weitere 10 Min. braten.

2 Die Paprikaschote längs halbieren, entkernen und waschen. Die Mango schälen und das Fruchtfleisch vom Stein schneiden. Den Salat putzen, waschen und trocken schleudern. Alles in schmale Streifen schneiden. Die Frühlingszwiebeln putzen, waschen und in feine Ringe schneiden. Den Herd ausschalten, das Hähnchenfleisch weitere 10 Min. in der Pfanne ziehen lassen. Herausnehmen, in dünne Scheiben schneiden, mit Kräutersalz und Cayennepfeffer würzen. Anschließend die Pfanne gründlich säubern.

3 Eine Tortilla in der Pfanne ohne Fett von beiden Seiten erhitzen, bis sie elastisch ist. Herausnehmen und mittig in einem Streifen mit Frischkäse und Mangochutney bestreichen. Fleisch, Paprika, Mango, Frühlingszwiebeln und Salat darauf verteilen. Die Tortilla seitlich über die Füllung klappen und fest einrollen. Übrige Tortillas ebenso zubereiten. Die Rollen mit einem scharfen Messer in jeweils 6 dicke Scheiben schneiden.

THAI-RÖSTI MIT GARNELEN

1 Bund Frühlingszwiebeln | 3 Knoblauchzehen | 30 g Ingwer | 2 getrocknete rote Chilischoten | 1 Bio-Limette | 600 g festkochende Kartoffeln | 1 Ei (M) | 4 TL Zitronengraspaste (aus dem Asialaden) | Salz | Zucker | 180 g gekochte Garnelen (geschält) | 1 Bund Koriandergrün | 2 TL Fischsauce | 2 EL neutrales Öl | Öl zum Braten

Fusionsküche vom Feinsten

Für 24 Stück | 1 Std. Zubereitung
Pro Stück ca. 40 kcal, 2 g EW, 2 g F, 4 g KH

1 Frühlingszwiebeln putzen, waschen, längs halbieren und klein schneiden. Knoblauch und Ingwer schälen, sehr fein würfeln. Chilis fein zerbröseln. Limette heiß waschen, abtrocknen, die Schale abreiben und den Saft auspressen. Kartoffeln schälen, fein raspeln, die Feuchtigkeit gut ausdrücken. Limettenschale, die Hälfte von Frühlingszwiebeln und Chilis sowie je zwei Drittel von Ingwer und Knoblauch dazugeben. Ei und 2 TL Zitronengraspaste hinzufügen, mit Salz und etwas Zucker würzen, alles vermengen.

2 Garnelen in ein Sieb abgießen und abtropfen lassen. Koriandergrün waschen, trocken tupfen, die Blätter abzupfen und klein hacken. Beides mit restlichen Frühlingszwiebeln, Chilis, Ingwer und Knoblauch mischen. Fischsauce, restliche Zitronengraspaste, 3 EL Limettensaft und 2 EL Öl dazugeben. Alles gut vermengen, mit Salz, Zucker und Limettensaft abschmecken.

3 Reichlich Öl in einer Pfanne erhitzen. 24 kleine Rösti (à 1 EL) in 2 – 3 Min. auf jeder Seite darin braun braten. Auf Küchenpapier entfetten. Auf jeden Rösti 1 TL Dip und 1 Garnele setzen. Die Rösti auf einer Servierplatte lauwarm anrichten.

SALATE & DIPS

Möchten Sie Ihre Gäste überraschen? Dann bestücken Sie Ihr Büfett doch mal mit kulinarischen Newcomern wie Halloumi-Orangen-Salat, Avocado-Hummus oder Hot Cheese 'n' Onion Dip. Diese Leckerbissen sorgen auf der Party bestimmt für Gesprächsstoff.

HALLOUMI-ORANGEN-SALAT

Wie Halloumi am besten schmeckt? Ich finde: In diesem frischen Salat hat er seine wahre Bestimmung gefunden!

70 ml Zitronensaft
2 EL Aceto balsamico bianco
2 EL Honig
2 Knoblauchzehen
7 – 8 EL Olivenöl
Kräutersalz | Pfeffer
600 g Fenchel
500 g Zucchini
2 rote Paprikaschoten
2 Orangen
450 g Halloumi (zypriotischer Käse, ersatzweise Grillkäse)
30 g Minze

Sommerlich und mediterran

Für 12 Personen | 40 Min. Zubereitung
Pro Portion ca. 230 kcal, 10 g EW, 17 g F, 10 g KH

1 Für das Dressing Zitronensaft, Essig und Honig verrühren. Knoblauch schälen und dazupressen. 4 EL Olivenöl unterschlagen. Das Dressing mit Kräutersalz und Pfeffer abschmecken. Den Fenchel waschen, putzen und in sehr dünne Scheiben schneiden. Mit dem Dressing mischen und beiseitestellen.

2 Zucchini waschen, putzen und grob würfeln. 2 EL Olivenöl in einer Pfanne erhitzen, die Zucchiniwürfel darin ganz kurz rundherum anbraten, bis sie leicht gebräunt sind. Sofort zum Fenchel geben und alles gut durchmischen.

3 Die Paprikaschoten längs halbieren, entkernen, waschen und würfeln. Orangen schälen, sodass die weiße Haut entfernt ist. Die Früchte filetieren, dabei die Kerne entfernen und den austretenden Saft auffangen. Das Fruchtfleisch würfeln. Paprika und Orangen samt Saft mit den bereits marinierten Zutaten mischen.

4 Den Halloumi würfeln. Restliches Olivenöl erhitzen, die Käsewürfel darin in ca. 3 – 4 Min. rundherum braun braten. Herausnehmen und kurz abkühlen lassen. Die Minze waschen und trocken tupfen, die Blätter abzupfen. Halloumi und Minze mit den restlichen Salatzutaten mischen. Den Salat mit Kräutersalz und Honig abschmecken und servieren.

TIPP **Lust auf einen Twist? Dieser Salat schmeckt statt mit Orangen auch ganz hervorragend mit rosa Grapefruits!**

hmm

ORECCHIETTE-HÄHNCHEN-SALAT

Trend-Pasta auf Triumphzug: Die apulischen Öhrchen-Nudeln finden hierzulande immer mehr Anhänger – auch im Salat.

400 g Hähnchenbrust
6 EL Olivenöl
2 EL Mehl
400 g Orecchiette (ersatzweise Farfalle oder kleine Muschelnudeln)
Salz
4 EL Aceto balsamico bianco
2 EL Honigsenf
2 TL Chipotle Chiliflocken (ersatzweise Pul Biber oder 1 TL Cayennepfeffer)
2 Knoblauchzehen
Pfeffer
500 g Kirsch- oder Datteltomaten
30 g Basilikum
200 g Parmesan
400 g Grillpaprika (eingelegt, aus dem Glas)

Offenbarung für Pastafaris

Für 12 Personen | 40 Min. Zubereitung
Pro Portion ca. 300 kcal, 18 g EW, 11 g F, 30 g KH

1 Hähnchenbrust kalt abspülen und mit Küchenpapier trocken tupfen. 2 EL Olivenöl in einer Pfanne erhitzen. Das Fleisch in Mehl wenden, überschüssiges Mehl abklopfen. Offen von beiden Seiten jeweils 2 Min. anbraten, bis das Fleisch leicht gebräunt ist. Dann bei schwacher Hitze zugedeckt weitere 10 Min. braten.

2 Nudeln nach Packungsanweisung in reichlich kochendem Salzwasser bissfest garen. Hähnchenfilet weitere 10 Min. in der Pfanne auf der ausgeschalteten Herdplatte ziehen lassen. Nudeln in ein Sieb abgießen, kalt abspülen und abtropfen lassen.

3 Für das Dressing Essig, Honigsenf und Chiliflocken verrühren. Den Knoblauch schälen und dazupressen. Restliches Olivenöl unterrühren, mit Salz und Pfeffer abschmecken.

4 Die Tomaten waschen und halbieren. Basilikum waschen und trocken tupfen, die Blätter abzupfen. Parmesan grob hobeln. Grillpaprika abtropfen lassen und grob würfeln. Das Hähnchen aus der Pfanne nehmen und in Scheiben schneiden. Alles mit dem Dressing mischen und kurz ziehen lassen. Den Salat vor dem Servieren mit Salz und Pfeffer abschmecken.

TIPP

Für Fischfans: Der Salat schmeckt auch mit Lachs statt Hähnchen. Dafür 400 g Lachsfilet (ohne Haut) kalt abspülen und trocken tupfen. Wie das Hähnchen mit Mehl bestäuben und zubereiten, dabei aber jeweils nur 6–7 Min. braten, ziehen lassen. Den Lachs mit den Händen in mundgerechte Stücke zupfen und mit den restlichen Salatzutaten mischen.

OR
Ecc
Hie
TTe
stone washed
pure linen.

ORIENTALISCHER MÖHRENSALAT

700 g Möhren | 2 EL Rotweinessig | 3 EL Zitronensaft | 1 EL Honig | ½ TL gemahlener Kreuzkümmel | 1 TL Cayennepfeffer | 150 ml Olivenöl | 3 Knoblauchzehen | Salz | 450 g Snackgurken | 1 rote Zwiebel | 30 g Minze | 200 g Hummus (z. B. Avocado-Hummus, siehe S. 30) | 2 hauchdünne arabische Fladenbrote (Khubz, aus dem türkischen Laden, ca. 100 g)

Schicht um Schicht ein Genuss

Für 12 Personen | 45 Min. Zubereitung
Pro Portion ca. 180 kcal, 2 g EW, 14 g F, 11 g KH

1 Die Möhren schälen und in Scheiben schneiden. In einem Topf mit Dämpfeinsatz über kochendem Wasser in 5 Min. bissfest dämpfen.

2 Inzwischen für die Marinade Essig, Zitronensaft, Honig, Kreuzkümmel und Cayennepfeffer mit 3 EL Olivenöl verrühren. Knoblauch schälen und dazupressen, alles mit Salz abschmecken. Die Möhren in ein Sieb abgießen, kalt abschrecken und abtropfen lassen. Mit der Marinade mischen und 15 Min. ziehen lassen.

3 Die Gurken waschen und in Scheiben schneiden. Die Zwiebel schälen und fein würfeln. Minze waschen und trocken tupfen, die Blätter abzupfen. Jeweils 1 EL Hummus in 12 Gläser (à 300 ml) geben. Schichtweise Gurkenscheiben, Zwiebelwürfel und Minzeblätter darauf verteilen, anschließend die Möhren samt Marinade darübergeben.

4 Das Fladenbrot in feine Streifen schneiden und klein zupfen. Übriges Olivenöl in einer Pfanne erhitzen und das Brot darin knusprig braun braten. Auf Küchenpapier entfetten, dann über die Möhren schichten und den Salat servieren.

COUSCOUSSALAT MIT GRANATAPFEL

3 Zwiebeln | 3 Knoblauchzehen | 3 EL Olivenöl | 100 g Rosinen | 4 EL Honig | ½ TL Zimtpulver | ½ TL Cayennepfeffer | 125 ml Aceto balsamico bianco | Kräutersalz | 400 g Couscous | 1 Granatapfel | 100 g Walnusskerne | 30 g Minze | 150 g Rucola | 250 g Schafskäse

Mit arabischem Flair

Für 12 Personen | 40 Min. Zubereitung
Pro Portion ca. 310 kcal, 10 g EW, 12 g F, 41 g KH

1 Zwiebeln und Knoblauch schälen und in feine Würfel schneiden. Das Olivenöl in einem Topf erhitzen, die Zwiebelwürfel dazugeben und darin andünsten. Rosinen und Knoblauch kurz mitdünsten. 1 EL Honig, Zimt und Cayennepfeffer dazugeben und leicht karamellisieren lassen. Mit 80 ml Essig ablöschen. Anschließend 600 ml Wasser dazugießen, umrühren und aufkochen lassen. Den Sud mit Kräutersalz würzen und Couscous unterrühren. Danach zugedeckt auf der ausgeschalteten Herdplatte noch rund 10 Min. ziehen lassen.

2 Den Granatapfel halbieren und die Kerne herauslösen, dabei die weißen Häutchen entfernen. Die Walnüsse grob hacken. Die Minze waschen, trocken tupfen und die Blätter abzupfen. Rucola putzen, waschen und trocken schleudern, die Blätter nach Belieben klein zupfen. Den Schafskäse in Würfel schneiden.

3 Den Couscous mit einer Gabel auflockern, gleichmäßig auf ein mit Backpapier ausgelegtes Blech verteilen und kurz abkühlen lassen. Mit den übrigen vorbereiteten Zutaten mischen. Restlichen Honig und Essig verrühren und unter den Salat rühren. Den Couscoussalat mit Kräutersalz abschmecken und servieren.

AVOCADO-HUMMUS

1 Dose Kichererbsen (250 g Abtropfgewicht) | 2 Avocados (à 250 g) | 4 Knoblauchzehen | 100 g Sesammus (Tahin) | 120 ml Zitronensaft | 2 TL Honig | 1 TL edelsüßes Paprikapulver | Salz | Pfeffer | Cayennepfeffer

Absoluter Dip-Liebling

Für 12 Personen | 20 Min. Zubereitung
Pro Portion ca. 145 kcal, 3 g EW, 13 g F, 4 g KH

1 Kichererbsen in ein Sieb abgießen, kalt abspülen und abtropfen lassen. Die Avocados halbieren, entkernen, schälen und grob würfeln. Knoblauch schälen und ebenfalls würfeln.

2 Im Blitzhacker Kichererbsen, Avocadowürfel und Knoblauch mit Sesammus, 100 ml Zitronensaft, Honig und Paprikapulver fein pürieren. Den Hummus mit Salz, Pfeffer, Cayennepfeffer und dem restlichen Zitronensaft abschmecken.

ARRABBIATA-BUTTER

100 g getrocknete Tomaten (in Öl eingelegt) | 2 Zwiebeln | 4 Knoblauchzehen | 2 Tomaten | 2 EL eingelegte Kapern | 2 getrocknete rote Chilischoten | 250 g weiche Butter | 2 EL Aceto balsamico bianco | Kräutersalz | Pfeffer | Honig

Mit viel Chili-Pep!

Für 16 Personen | 20 Min. Zubereitung
Pro Portion ca. 155 kcal, 0 g EW, 16 g F, 2 g KH

1 Getrocknete Tomaten abtropfen lassen. Zwiebeln und Knoblauch schälen. Tomaten waschen, halbieren, entkernen, dabei den Stielansatz entfernen. Alles fein würfeln. Kapern fein hacken. Chilischoten zerbröseln.

2 In einer Pfanne 50 g Butter erhitzen, Zwiebeln und Knoblauch darin glasig dünsten. Tomaten, Kapern und Chilis dazugeben und mitdünsten. Mit Essig ablöschen, dann mit der restlichen Butter verrühren. Arrabbiata-Butter mit Kräutersalz, Pfeffer und Honig abschmecken. Nach Belieben noch mit 2 EL gehacktem Basilikum oder geriebenem Parmesan verfeinern.

ROTE-BETE-ZIEGENKÄSE-DIP

2 Knoblauchzehen | 4 Stängel Dill | 200 g Ziegenkäserolle (mild) | 200 g gegarte Rote Bete (vakuumverpackt) | 4 TL geriebener Meerrettich (aus dem Glas) | 2 EL Honigsenf | 2 EL Aceto balsamico bianco | Kräutersalz | Pfeffer

Für Experimentierfreudige

Für 12 Personen | 10 Min. Zubereitung
Pro Portion ca. 75 kcal, 4 g EW, 5 g F, 3 g KH

1 Knoblauch schälen und grob hacken. Dill waschen, trocken tupfen, die Spitzen abzupfen und fein hacken. Ziegenkäse und Rote Bete würfeln.

2 Alle vorbereiteten Zutaten im Blitzhacker mit Meerrettich, Senf und Essig fein pürieren. Den Dip mit Kräutersalz und Pfeffer abschmecken und servieren. Dazu passen neben Brot und Crackern auch Kartoffelpuffer und Gemüsesticks, z. B. aus Möhren, Gurken oder Paprikaschoten.

SOYZIKI

1 kg Sojaghurt | 2 EL Zitronensaft | 2 EL Aceto balsamico bianco | 4 EL Olivenöl | 200 g Salatgurke | 2 Stängel Dill | 4 Knoblauchzehen | Salz | Pfeffer

Veganer Grieche

Für 12 Personen | 15 Min. Zubereitung | 12 Std. Abtropfen
Pro Portion ca. 85 kcal, 4 g EW, 6 g F, 3 g KH

1 Ein Sieb über einen Topf hängen und mit einem sauberen Küchentuch auslegen. Den Sojaghurt hineingeben, mit dem Tuch zudecken und mit einem Teller beschweren. Im Kühlschrank rund 12 Std., am besten über Nacht, abtropfen lassen.

2 Den abgetropften Sojaghurt in einer Schüssel mit Zitronensaft, Essig und Öl verrühren. Die Gurke schälen, längs halbieren, entkernen und mit der Küchenreibe grob raspeln. Dill waschen, trocken tupfen, die Spitzen abzupfen und fein hacken. Gurke und Dill unter den Sojaghurt rühren, Knoblauch schälen und dazupressen. Den Soyziki mit Salz und Pfeffer abschmecken.

HOT CHEESE 'N' ONION DIP

In den USA auf Partys schon längst Standard, hierzulande aber noch absolute Newcomer: verführerische Dips frisch aus dem Ofen!

2 Zwiebeln
2 EL Öl
2 Knoblauchzehen
150 g halbgetrocknete Tomaten (in Öl eingelegt)
400 g Raclettekäse (am Stück)
200 g Salatmayonnaise
200 g Crème fraîche
edelsüßes Paprikapulver
Cayennepfeffer
Kräutersalz

Heiß begehrt

Für 12 Personen | 20 Min. Zubereitung | 15 Min. Backen
Pro Portion ca. 265 kcal, 8 g EW, 24 g F, 3 g KH

1 Den Backofen auf 180° vorheizen. Zwiebeln schälen und fein würfeln. Öl in einer Pfanne erhitzen und die Zwiebelwürfel darin bei mittlerer Hitze ca. 8 Min. braten, bis sie leicht gebräunt sind. Knoblauch schälen, dazupressen und kurz mitbraten.

2 Tomaten abtropfen lassen, grob zerkleinern. Käse entrinden und grob reiben. Mit Mayonnaise und Crème fraîche verrühren. Zwiebel-Knoblauch-Mischung und Tomaten unterrühren. Mit Paprikapulver, Cayennepfeffer und Kräutersalz würzen.

3 Die Käsemasse in eine kleine Auflaufform (ca. 20 × 15 cm) füllen. Im heißen Backofen (Mitte) 15 Min. backen, bis der Käse eine leichte Kruste bekommen hat. Den Dip heiß oder lauwarm servieren. Dazu passen Baguette, Ciabatta, Walnussbrot, Brotchips, Cracker, Tortillachips oder Paprikasticks.

TIPP

Der Dip kann auch direkt auf Brot überbacken werden. Dafür 2 Baguettes oder Ciabattabrote in ca. 2 cm dicke Scheiben schneiden. Die Brotscheiben großzügig mit dem Dip bestreichen. Portionsweise auf dem mit Backpapier ausgelegten Rost im 200° heißen Backofen (Mitte) ca. 12 Min. backen, bis das Brot schön knusprig ist.

AUS DEM TOPF UND AUS DEM OFEN

Auf meinen Partys sammeln sich die Gäste meist schnell in der Küche! Das liegt auch an der Faszination, die von brodelnden Suppentöpfen, heißen Quiches oder ofenfrischen Pides ausgeht. Denn was so lecker duftet, muss einfach sofort probiert werden ...

SÜSSKARTOFFEL-CHILI-SUPPE

Mit Einflüssen aus der karibischen, asiatischen und orientalischen Küche ist diese Suppe ein echter Kosmopolit – der leckersten Sorte!

1 kg Süßkartoffeln
2 Stangen Lauch
4 rote Spitzpaprikaschoten
4 EL Öl
4 getrocknete rote Chilischoten
4 Knoblauchzehen
2 TL Currypulver
800 g Kokosmilch
1,2 l Gemüsebrühe
3 Bio-Limetten
1 Granatapfel
500 g TK-Garnelen (geschält)
Kräutersalz | Pfeffer

Neuer Partyliebling

Für 12 Personen | 40 Min. Zubereitung
Pro Portion ca. 280 kcal, 8 g EW, 16 g F, 24 g KH

1 Süßkartoffeln schälen und würfeln. Lauch putzen, in Ringe schneiden, waschen und abtropfen lassen. Paprikaschoten längs halbieren, entkernen, waschen und ebenfalls klein schneiden.

2 In einem großen Topf 2 EL Öl erhitzen. Das Gemüse darin mit 2 Chilischoten ca. 5 Min. andünsten. Knoblauch schälen und fein würfeln. Mit dem Currypulver dazugeben und weitere 2 Min. dünsten. Kokosmilch und Brühe dazugießen, aufkochen und alles zugedeckt bei schwacher Hitze ca. 15 Min. köcheln lassen.

3 Limetten heiß waschen, mit einem sauberen Küchentuch trocken reiben. Die Schale abreiben und den Saft auspressen. Für die Toppings Granatapfel halbieren, Kerne herauslösen, weiße Häutchen entfernen. Kerne in einem Schälchen anrichten.

4 Restliches Öl in einer großen Pfanne erhitzen. Übrige Chilis fein zerbröseln. Garnelen mit den Chilibröseln 3–4 Min. braten. Ein Drittel der Limettenschale dazugeben, mit ca. 2 EL Limettensaft und Kräutersalz abschmecken. Die Garnelen ebenfalls in Schälchen anrichten und zur Suppe servieren.

5 Restliche Limettenschale in den Suppentopf geben und alles mit dem Stabmixer fein pürieren. Die Hälfte des übrigen Limettensafts unterrühren, die Suppe mit Kräutersalz, Pfeffer und restlichem Limettensaft abschmecken.

TIPP **Im Herbst können Sie einfach die Süßkartoffeln durch die gleiche Menge Hokkaidokürbis-Fruchtfleisch (gewaschen, ungeschält und entkernt) ersetzen.**

VIER-KÄSE-SUPPE MIT PILZEN

30 g getrocknete Steinpilze | 3 Stangen Lauch | 750 g Champignons | 5 Knoblauchzehen | 100 g Butter | 2 EL Mehl | 300 ml trockener Weißwein (z. B. Riesling) | 200 g junger Gouda | 250 g Greyerzer | 150 g Gorgonzola | 600 g Frischkäse | 750 ml Gemüsefond | 3 – 4 EL Aceto balsamico bianco | Salz | Pfeffer

Würziges Highlight

Für 12 Personen | 45 Min. Zubereitung
Pro Portion ca. 420 kcal, 18 g EW, 35 g F, 5 g KH

1 Die Steinpilze mit 250 ml kochendem Wasser übergießen und 15 Min. einweichen. Inzwischen den Lauch putzen, in Ringe schneiden, waschen und in einem Sieb abtropfen lassen. Die Champignons putzen, mit Küchenpapier trocken abreiben und in Scheiben schneiden. Den Knoblauch schälen und grob würfeln.

2 Butter in einem Topf erhitzen, Lauch und Champignons darin anschwitzen. Mehl darüberstreuen, mit anschwitzen. Mit Wein aufgießen, diesen etwas einkochen lassen. Steinpilze samt Flüssigkeit dazugeben, bei schwacher Hitze weiterköcheln.

3 Gouda und Greyerzer entrinden, grob reiben. Gorgonzola klein schneiden. Alles mit dem Frischkäse in die Brühe geben und unter Rühren schmelzen. Gemüsefond angießen, aufkochen und noch kurz köcheln lassen. Den Essig unterrühren und die Suppe mit Salz und Pfeffer abschmecken.

TIPP

Ihr Lieblingskäse fehlt in diesem Rezept? Kein Problem! Sofern er gut schmilzt, können Sie bei mildem Käse einfach den Gouda, bei kräftigerem Käse Greyerzer oder Gorgonzola durch die gewünschte Sorte ersetzen.

BORSCHTSCH HAWAII

1 Zwiebel | 4 Knoblauchzehen | 150 g Spitzkohl | 500 gegarte Rote Bete (vakuumverpackt) | 200 g Kochschinken (am Stück) | 2 EL Butterschmalz | 2 EL Tomatenmark | 100 g TK-Suppengemüse | 1 kleine Dose Ananaswürfel (ca. 220 g) | 1 l Gemüse- oder Rinderbrühe | 2 – 3 EL Aceto balsamico bianco | Salz | Pfeffer

Russischer Klassiker auf Pazifikkreuzfahrt

Für 8 Personen | 1 Std. Zubereitung
Pro Portion ca. 125 kcal, 7 g EW, 4 g F, 14 g KH

1 Zwiebel und 2 Knoblauchzehen schälen. Zwiebel grob, Knoblauch fein würfeln. Spitzkohl zerpflücken, Blätter waschen, trocken schleudern, klein schneiden. Rote Bete und Schinken würfeln.

2 Zwiebeln in einem Topf im Butterschmalz andünsten. Tomatenmark und Knoblauch kurz mitdünsten. Suppengemüse im Topf schwenken. Ananas abgießen, dabei Saft auffangen. Gemüse mit Ananassaft und Brühe aufgießen, alles aufkochen.

3 Spitzkohl und Rote Bete hinzufügen, zugedeckt bei mittlerer Hitze 8 Min. köcheln. Schinken, Ananas sowie 2 EL Essig hinzufügen, weitere 15 Min. köcheln lassen. Restlichen Knoblauch schälen und dazupressen. Suppe mit Salz, Pfeffer und Essig abschmecken. Dill-Joghurt, Crème fraîche oder Käsebaguette (siehe Tipp) dazu reichen.

TIPP

Für ein Käsebaguette 1 Baguette in Scheiben schneiden, mit Kräuterbutter bestreichen. 250 g geriebenen Raclettekäse daraufstreuen. Im heißen Backofen auf dem mit Backpapier ausgelegten Blech bei 200° (Mitte) mit zugeschaltetem Grill 6 – 8 Min. überbacken.

MAROKKANISCHE KICHERERBSENSUPPE

Die nordafrikanische Küche überrascht mich immer wieder mit ihrer faszinierenden Kombination aus exotischen Gewürzen und Zitrone.

2 Zwiebeln
4 Knoblauchzehen
100 g Rosinen (ersatzweise getrocknete Aprikosen oder Feigen)
2 Dosen Kichererbsen (à 250 g Abtropfgewicht)
4 EL Olivenöl
400 g Rinderhackfleisch (ersatzweise Lammhackfleisch)
150 g TK-Suppengrün
½ TL Zimtpulver
½ TL Cayennepfeffer
½ TL gemahlener Kreuzkümmel
2–3 EL Zucker
800 g stückige Tomaten (aus der Dose)
Kräutersalz
2 Bio-Zitronen

Reinstes Urlaubsfeeling

Für 12 Personen | 35 Min. Zubereitung
Pro Portion ca. 195 kcal, 11 g EW, 9 F, 17 g KH

1 Die Zwiebeln und 2 Knoblauchzehen schälen und fein würfeln. Gegebenenfalls Aprikosen oder Feigen fein würfeln. Kichererbsen in ein Sieb abgießen, kalt abspülen und abtropfen lassen. Olivenöl in einem Topf erhitzen, Zwiebelwürfel darin hellbraun andünsten. Das Hackfleisch dazugeben und krümelig anbraten.

2 Suppengrün, Knoblauchwürfel, Zimt, Cayennepfeffer, Kreuzkümmel hinzufügen, kurz mir anbraten. 2 EL Zucker zugeben und karamellisieren lassen. Tomaten, Kichererbsen, Rosinen bzw. Aprikosen oder Feigen und 700 ml Wasser hinzufügen, mit Kräutersalz würzen. Alles zum Kochen bringen und zugedeckt bei schwacher bis mittlerer Hitze 10 Min. köcheln lassen.

3 Zitronen heiß waschen, trocken reiben. Schale abreiben, Saft auspressen. Übrige 2 Knoblauchzehen schälen und pressen. Knoblauch und Zitronenschale in die Suppe rühren, mit Kräutersalz, Cayennepfeffer, Zucker und Zitronensaft abschmecken.

TIPP

Dazu passen Fetaröllchen! Für 36 Stück 150 g Butter schmelzen, 200 g Feta zerbröseln. Den Ofen auf 180° vorheizen. 6 Blätter Filoteig mit Butter bestreichen, längs halbieren, quer dritteln. Je ca. 2 TL Feta längs auf jedem Teigstück verteilen, dabei an Längsseite und Enden 1 cm frei lassen. Mit gehacktem Dill bestreuen. Teig vom Rand her darüberklappen, bis zur Hälfte einrollen, Seiten einklappen und vollends aufrollen. Alle Röllchen mit Butter bestreichen, mit Sesam und Schwarzkümmel bestreuen. Die Röllchen auf den mit Backpapier ausgelegten Rost setzen. Im vorgeheizten Backofen in 15 Min. goldbraun und knusprig backen.

WÜRZIGE PITA – SELBST BELEGT

Bei dieser Pitastation macht das Zugreifen und Nach-eigenem-Gusto-Belegen richtig Spaß. Ihre Gäste werden es lieben!

4 getrocknete rote Chilischoten
4 Knoblauchzehen
4 EL Honig
3 EL Ras el-Hanout (marokkanische Gewürzmischung)
180 ml Aceto balsamico bianco
6 EL Olivenöl
Kräutersalz | Pfeffer
1,2 kg Putenmedaillons
100 g getrocknete Feigen
2 Knoblauchzehen
150 g Tomatenmark
1 Aubergine (ca. 300 g)
1 Zucchino (ca. 300 g)
2–3 Salatherzen
2 rote Zwiebeln
5 Tomaten
2 große türkische Fladenbrote

Ganz nach Lust und Laune

Für 12 Personen |
50 Min. Zubereitung
Pro Portion ca. 450 kcal,
35 g EW, 8 g F, 60 g KH

1 Für die Würzpaste 2 Chilischoten zerbröseln, 2 Knoblauchzehen schälen, durchpressen. Mit 2 EL Honig, 2 EL Ras el-Hanout, 2 EL Aceto balsamico bianco und 4 EL Olivenöl verrühren. Die Paste pürieren, mit Salz und Pfeffer würzen. Putenmedaillons in 1 EL Öl von beiden Seiten anbraten. Die Würzpaste dazugeben, die Medaillons darin wenden und zugedeckt bei schwacher Hitze 5 Min. garen, dann weitere 5 Min. auf dem ausgeschalteten Herd ziehen lassen. Die Medaillons in dünne Scheiben schneiden und evtl. nachsalzen. In einem Schälchen anrichten.

2 Für die Tomaten-Feigen-Sauce übrige 2 Knoblauchzehen schälen, klein würfeln, die getrockneten Feigen entstielen, ebenfalls klein würfeln. Beides mit 320 ml Wasser, restlichem Aceto balsamico bianco, 1 ½ EL Honig, restlichem Ras el-Hanout und übrigen zerbröselten Chilischoten offen bei mittlerer Hitze 5 Min. kochen. Tomatenmark dazugeben, kurz erhitzen. Alles fein pürieren, Sauce mit Salz und übrigem Honig abschmecken, abkühlen lassen.

3 Aubergine und Zucchino waschen und in Scheiben schneiden. Im restlichen Olivenöl von beiden Seiten anbraten: Zucchinischeiben je Seite 1–2 Min., Auberginen ca. 2–3 Min. Auf Küchenpapier entfetten. Mit Salz und Pfeffer würzen.

4 Den Backofen auf 150° vorheizen. Salatherzen waschen, trocken schleudern und in Streifen schneiden. Zwiebeln schälen und in schmale Spalten schneiden. Tomaten waschen und klein würfeln. Getrennt in Schälchen anrichten.

5 Die Fladenbrote im Ofen in ca. 8 Min. aufbacken, in jeweils 6 Ecken schneiden. Alle Zutaten auf dem Büfett bereitstellen. Jetzt kann sich jeder Gast seine Pita selbst belegen.

TIPP **Zaziki, Hummus oder fein zerbröselter Feta sowie Pesto alla Genovese passen perfekt zur Pita. Für Vegetarier und Veganer kann man statt der Putenmedaillons gebratene Champignons oder Falafel servieren.**

QUICHE CON CARNE

Diese herrliche Liaison zwischen der feinen französischen und der scharfen Texmex-Küche könnte zum absoluten Partyhit werden.

200 g Dinkelmehl (Type 630)
100 g kalte Butter
Kräutersalz
Zucker
4 Eier (M)
1 kleine Dose Kidneybohnen (125 g Abtropfgewicht)
1 rote Paprikaschote
1 rote Chilischote
2 Knoblauchzehen
250 g Rinderhackfleisch
je ½ TL gemahlener Kreuzkümmel und Koriander
2 EL Aceto balsamico bianco
Pfeffer
200 g Crème fraîche
Mehl für die Arbeitsfläche

Raffiniert kombiniert

Für 1 Springform von 28 cm Ø (8 Stücke) | 35 Min. Zubereitung | 30 Min. Kühlen | 35 Min. Backen
Pro Stück ca. 410 kcal, 16 g EW, 29 g F, 21 g KH

1 Mehl auf die Arbeitsfläche häufen, eine Mulde hineindrücken. Butter in Flöckchen, ½ TL Kräutersalz, 1 Prise Zucker und 1 Ei hineingeben. Zutaten in der Mulde vermengen. Nach und nach das Mehl einarbeiten, rasch zu einem geschmeidigen Teig kneten. Den Teig in Frischhaltefolie wickeln, 30 Min. kühl stellen.

2 Den Backofen auf 200° vorheizen. Bohnen in ein Sieb abgießen, kalt abspülen, abtropfen lassen. Paprikaschote längs halbieren, entkernen, waschen und klein würfeln. Chili waschen und in feine Ringe schneiden. Knoblauch schälen und fein würfeln.

3 Eine Pfanne erhitzen. Das Fleisch darin ohne Fett bröselig braten. Paprikawürfel, Chili, Knoblauch und Bohnen dazugeben und 3–4 Min. mitbraten. 2 TL Zucker dazugeben und etwas karamellisieren lassen. Gewürze unterrühren, mit 1 EL Essig ablöschen. Mit Kräutersalz und Pfeffer abschmecken.

4 Für den Guss die restlichen Eier mit Crème fraîche und übrigem Essig verrühren. Mit Kräutersalz und Pfeffer würzen. Den Teig auf der bemehlten Arbeitsfläche zu einem Kreis von ca. 35 cm Ø ausrollen und in die mit Backpapier ausgelegte Springform geben, dabei einen 3 cm hohen Rand formen.

5 Erst die Hackfleischmischung, dann den Guss auf dem Teigboden verteilen. Die Quiche im heißen Backofen (Mitte) ca. 35 Min. backen, bis die Eiermasse gestockt und leicht gebräunt ist. Die Quiche aus dem Ofen nehmen, etwas abkühlen lassen, in Stücke schneiden und lauwarm oder auch kalt servieren.

KARTOFFEL-KÜRBIS-PIDE

Bei mir und meinen Gästen hat die gefüllte Pide der Pizza inzwischen den Rang abgelaufen – weil sie so schön würzig und aromatisch ist.

20 g frische Hefe
4 TL Honig
300 g Dinkelmehl (Type 630)
Kräutersalz
300 g festkochende Kartoffeln
200 g Hokkaidokürbis-Fruchtfleisch
2 Zweige Rosmarin
2 EL Aceto balsamico bianco
2 EL Olivenöl
1 Knoblauchzehe
Pfeffer
100 g Feta
2–4 EL griechischer Joghurt
Mehl für die Arbeitsfläche
3 TL Sesamsamen

Türkische Pizzaversion

Für 2 Pides (12 Stücke) | 35 Min. Zubereitung | 1 Std. Gehen | 35 Min. Backen
Pro Stück ca. 165 kcal, 6 g EW, 5 g F, 23 g KH

1 Hefe mit 1 TL Honig und 1 EL Mehl in 175 ml lauwarmem Wasser auflösen. Zugedeckt 5 Min. gehen lassen. Das restliche Mehl mit ½ TL Kräutersalz mischen. Eine Mulde hineindrücken, die Hefemischung dazugießen. Nach und nach das Mehl einarbeiten und zu einem glatten Teig kneten. An einem warmen Ort zugedeckt ca. 1 Std gehen lassen, bis sich der Teig verdoppelt hat.

2 Kartoffeln schälen, waschen, trocken tupfen, Kürbis waschen. Beides mit dem Gurkenhobel dünn hobeln (Bild 1). Nacheinander in einem Topf mit Dämpfeinsatz über kochendem Wasser 2 Min. dämpfen und auf Küchenpapier abkühlen lassen.

3 Backofen auf 200° vorheizen. Rosmarin waschen, trocken tupfen, Nadeln abzupfen und grob hacken. Kartoffeln und Kürbis mit Rosmarin, 1 EL Essig, Olivenöl und 1 TL Honig mischen. Knoblauch schälen und dazupressen. Mit Kräutersalz und Pfeffer würzen. Für die Käsemasse Feta zerbröseln, mit 2 EL Joghurt, 2 TL Honig und restlichem Essig verrühren. Salzen und pfeffern.

4 Teig halbieren, auf der bemehlten Arbeitsfläche zu zwei dünnen Fladen à ca. 40 × 20 cm ausrollen. Jeweils auf einen passenden Streifen Backpapier legen. Fetamasse darauf verteilen, dabei seitlich 3 cm frei lassen. Dann Kartoffel-Kürbis-Mischung daraufgeben (Bild 2). Teigrand von den langen Seiten her je 3 cm einklappen, Enden spitz zusammendrücken (Bild 3). Teigrand mit restlichem Joghurt bestreichen und mit Sesam bestreuen.

5 Beide Pides auf einem Backblech im heißen Backofen (Mitte) in ca. 35 Min. knusprig backen. Herausnehmen, abkühlen lassen und quer in Streifen schneiden.

1

2

3

SÜSSE SÜNDEN

Keine Party ohne Dessert! Denn nach der Plünderung des Büfetts wollen natürlich auch die Naschkatzen gefüttert werden. Am liebsten mit traumhaften Leckereien wie cremiger Tiramicotta, warmem Apfel-Cobbler frisch aus dem Ofen oder – ganz trendy – minzfrischem Hugo-Cheesecake.

APFEL-COBBLER MIT EIERLIKÖRSAHNE

Cobbler – die amerikansiche Crumbleversion – hat einen wahren Siegeszug angetreten. Kein Wunder: Er schmeckt köstlich und ist kinderleicht zu backen.

6 säuerliche Äpfel (z. B. Boskop)
230 g Zucker
1 EL Zitronensaft
½ TL Zimtpulver
150 g Butter
200 g Weizen- oder Dinkelmehl (Type 405 bzw. 630)
3 TL Backpulver
50 g gemahlene Haselnüsse
2 Pck. Bourbon-Vanillezucker
Salz
2 Eier (M)
100 g Joghurt (3,8 % Fett)
400 g Sahne
2 Pck. Sahnesteif
100 ml Eierlikör

Neues für Crumblefans

Für 12 Personen |
35 Min. Zubereitung |
25 Min. Backen
Pro Portion ca. 440 kcal,
5 g EW, 26 g F, 44 g KH

1 Den Backofen auf 200° vorheizen. Äpfel waschen, halbieren und Kerngehäuse entfernen. Die Hälften nach Belieben schälen, dann würfeln. Mit 60 g Zucker, Zitronensaft und Zimtpulver mischen und in einer Auflaufform (40 × 30 cm) verteilen.

2 In einem Topf die Butter schmelzen, dann vom Herd nehmen. In einer Schüssel Mehl, Backpulver, 140 g Zucker, Haselnüsse, Vanillezucker und 1 Prise Salz mischen. Eier, flüssige Butter und Joghurt dazugeben und unterrühren.

3 Teig auf den Äpfeln verteilen. Den Cobbler im heißen Backofen (Mitte) 25 Min. backen, bis der Teig leicht gebräunt ist.

4 Sahne und Sahnesteif in einen Rührbecher geben, mit den Quirlen des Handrührgeräts 30 Sekunden schlagen. Die restlichen 30 g Zucker einrieseln lassen und die Sahne ganz steif schlagen. Eierlikör unterrühren. Cobbler aus dem Ofen nehmen und etwas abkühlen lassen. Mit der Eierlikörsahne servieren.

TIPP

Muss es mal schnell gehen, sind Aprikosenhälften aus der Dose eine prima Alternative zu den Äpfeln. Dafür 3 Dosen Aprikosenhälften (à 480 g Abtropfgewicht) in einem Sieb abtropfen lassen. Dann halbieren und wie im Rezept beschrieben weiter verwenden, jedoch nur mit 30 g Zucker mischen.

TIRAMICOTTA MIT BLAUBEEREN

800 g Sahne | 200 ml Espresso (frisch gebrüht) | 150 g Zucker | 4 Pck. Bourbon-Vanillezucker | 500 g Mascarpone | 2 TL Zitronensaft | Salz | Bittermandelaroma (ersatzweise Tonkabohne, nach Belieben) | 12 Blatt weiße Gelatine | 125 g Blaubeeren | 200 g Amarettini

Two-in-one-Dessert

Für 12 Personen | 30 Min. Zubereitung | 4 Std. 30 Min. Kühlen
Pro Portion ca. 535 kcal, 6 g EW, 41 g F, 21 g KH

1 Die Sahne in einen Topf geben und langsam zum Kochen bringen, dann offen bei schwacher bis mittlerer Hitze in 5 Min. einkochen lassen. In der Zwischenzeit den Espresso brühen.

2 Die Sahne vom Herd nehmen. Zucker, Vanillezucker, Mascarpone, Espresso, Zitronensaft und 1 Prise Salz unterrühren. Zum Aromatisieren nach Belieben einige Tropfen Bittermandelaroma unterrühren oder ein wenig Tonkabohne in die Sahne-Mascarpone-Masse reiben. Diese anschließend 6 – 8 Min. abkühlen lassen. Inzwischen die Gelatine in kaltem Wasser einweichen.

3 Die Blaubeeren waschen und in einem Sieb abtropfen lassen. Auf 12 Dessertgläser (à 150 ml) verteilen. Die Gelatine ausdrücken und unter Rühren in der Sahne-Mascarpone-Masse auflösen. Dann jeweils etwas von der Masse vorsichtig auf die Blaubeeren gießen. Auf Zimmertemperatur abkühlen lassen, anschließend zugedeckt mind. 4 Std. kühl stellen, bis die Tiramicotta geliert ist.

4 Die Amarettini portionsweise im Blitzhacker fein mahlen. Amarettinibrösel vor dem Servieren gleichmäßig auf der Tiramicotta verteilen.

JOGHURTSCHAUM MIT ERDBEEREN

3 Bio-Limetten | 170 g Zucker | 400 g Sahne | 500 g Joghurt (3,8 % Fett) | 500 g Erdbeeren

Luftig, cremig, frisch!

Für 8 Personen | 25 Min. Zubereitung | Mind. 12 Std. Abtropfen
Pro Portion ca. 310 kcal, 4 g EW, 19 g F, 30 g KH

1 Am Vortag die Limetten heiß waschen und trocken reiben. Die Schale mit einem Zestenreißer abziehen und den Saft auspressen. Die Limettenzesten mit 1 TL Saft beträufeln und in 30 g Zucker wenden. Anschließend trocknen lassen.

2 Die Sahne mit den Quirlen des Handrührgeräts steif schlagen. Den Joghurt mit 100 g Zucker und 5 EL Limettensaft in einer Schüssel verrühren. Die Sahne vorsichtig unterheben und die Schaummasse mit Limettensaft abschmecken.

3 Ein Sieb mit einem sauberen Küchentuch auslegen, über einen Topf hängen. Die Joghurtcreme hineingeben, das Küchentuch darüberschlagen und mit einem Teller beschweren. Über Nacht im Kühlschrank abtropfen lassen.

4 Am nächsten Tag Erdbeeren waschen und putzen. Die Beeren je nach Größe halbieren oder in Scheiben schneiden. Mit den restlichen 40 g Zucker verrühren, 10 Min. ziehen lassen.

5 Die Erdbeeren auf Desserttellern anrichten. Mit einem angefeuchteten Esslöffel Nocken von dem Joghurtschaum abstechen und darauf anrichten. Mit der gezuckerten Limettenschale garnieren.

TIPP

Wer es cremiger mag, verwendet griechischen Joghurt mit 10 % Fettanteil.

SCHOKOKÜSSE

Mit diesen verführerischen Petitessen landen Sie bei Ihren Gästen sicher einen Treffer – und das Beste: Schon die Zubereitung macht viel Spaß!

4 ganz frische Eiweiß (M)
Salz
Zimtpulver
2 Blatt weiße Gelatine
120 g Zucker
32 Waffelbecher mit Schokolade (120 g)
200 g Vollmilch-Kuvertüre
25 g Palmfett
30 g Haselnusskrokant

Happs und weg!

Für 32 Stück | 40 Min. Zubereitung | 1 Std. Kühlen
Pro Stück ca. 75 kcal, 1 g EW, 3 g F, 10 g KH

1 Die Eiweiße in eine fettfreie Rührschüssel geben. Mit je 1 Prise Salz und Zimt mit dem Handrührgerät steif schlagen. Gelatine ca. 5 Min. in einer Schüssel mit kaltem Wasser einweichen.

2 Zucker mit 40 ml Wasser in ca. 5 Min. sirupartig einkochen und vom Herd nehmen. Gelatine aus dem Wasser nehmen und tropfnass in einen Topf geben. Bei schwacher Hitze auflösen. Sirup in feinem Strahl unter Schlagen zum Eischnee laufen lassen, kräftig unterschlagen (Bild 1), dann Gelatine unter den Schnee rühren.

3 Die Waffelbecher auf zwei große Teller stellen. Schaummasse portionsweise in einen Spritzbeutel mit großer Lochtülle füllen. So in die Waffelbecher spritzen, dass die Masse 2 – 3 cm über den Rand hinausragt (Bild 2). Abgedeckt 30 Min. kühl stellen.

4 Die Kuvertüre hacken, mit Palmfett in ein Schälchen geben und über dem heißen Wasserbad schmelzen. In eine große Tasse füllen. Schaumküsse einzeln in die Schokolade tauchen (Bild 3) und abtropfen lassen. Falls Lücken in der Kuvertüre auftauchen, mit einem Teelöffel Kuvertüre darüberträufeln. Mit Haselnusskrokant (oder Zuckerperlen) bestreuen. Schokoküsse erneut kühl stellen, bis die Schokolade fest geworden ist, dann servieren.

TIPP **Bei der Verwendung von rohen Eiern besteht die Gefahr einer Salmonelleninfektion. Wer auf Nummer sicher gehen möchte, nimmt Eiweißpulver aus dem Patisseriebedarf. Für die Schokoküsse 15 g Eiweißpulver mit 3 EL Wasser glatt rühren, 100 ml Wasser dazugeben, 15 Min. ruhen lassen. Anschließend wie frisches Eiweiß weiterverarbeiten.**

1

2

3

DOUBLE CHOC CHERRY CAKES

100 g gemahlene Haselnüsse | 3 EL Kakaopulver | 3 EL Weizenmehl (Type 405) | 1 Pck. Backpulver | 130 g Zucker | 4 Pck. Bourbon-Vanillezucker | 200 g Blockschokolade | 100 g Butter | Salz | 6 Eier (M) | Butter und Mehl für die Gläser | 350 g Kirschgrütze (aus dem Kühlregal) | 300 g weiße Schokolade | 150 g Sahne | 12 Sturzgläser (à 290 ml, mit Deckel)

Zum Dahinschmelzen

Für 12 Stück | 45 Min. Zubereitung | 25 Min. Backen | 20 Min. Abkühlen
Pro Stück ca. 525 kcal, 7 g EW, 31 g F, 52 KH

1 Den Backofen auf 180° vorheizen. Haselnüsse, Kakaopulver, Mehl und Backpulver mit Zucker und 3 Pck. Vanillezucker in eine Schüssel geben und vermischen. In einem Topf bei schwacher Hitze die Blockschokolade mit der Butter und 2 Prisen Salz schmelzen. Den Topf vom Herd nehmen, die Eier nach und nach vorsichtig unterschlagen, zum Schluss die Nuss-Mehl-Mischung unterheben.

2 Die Weckgläser mit Butter einfetten und mit Mehl ausstreuen. Jeweils Teig hineinfüllen und 1–2 EL Kirschgrütze daraufsetzen, mit einer Gabel untermischen. Die Glasdeckel auflegen, die Kuchen im heißen Backofen (Mitte) 25 Min. backen. Aus dem Ofen nehmen und abkühlen lassen.

3 Die weiße Schokolade hacken und in einem Topf bei schwacher Hitze mit Sahne, 1 Prise Salz und dem restlichen Pck. Vanillezucker schmelzen. Die Deckel von den Gläsern nehmen, die Kuchen mit der Schokosauce übergießen und servieren.

LEMON CURD CUPCAKES

3 – 4 Bio-Zitronen | 450 g Zucker | 6 Eier (M) | 500 g weiche Butter | Salz | 2 Pck. Bourbon-Vanillezucker | 400 g Weizenmehl (Type 405) | 5 TL Backpulver | 200 ml Milch | 150 g Puderzucker | 300 g Frischkäse (zimmerwarm) | 24 Papierförmchen | 12er-Muffinblech

Zitrusfrischer Augenschmaus

Für 24 Stück | 50 Min. Zubereitung | 40 Min. Abkühlen | 50 Min. Backen
Pro Stück ca. 380 kcal, 5 g EW, 23 F, 39 g KH

1 Zitronen heiß waschen, trocken reiben. Schale mit Zestenreißer abziehen, Saft auspressen. Zesten mit 1 TL Zitronensaft mischen, in 2 EL Zucker wenden. 100 ml Saft mit 150 g Zucker, 2 Eiern, 50 g Butter in einem Topf unter Rühren aufkochen, bei schwacher Hitze ca. 5 Min. unter Rühren köcheln lassen. Vom Herd nehmen und abkühlen lassen.

2 Backofen auf 200° vorheizen. 300 g Butter mit 2 Prisen Salz cremig schlagen, Vanillezucker und restlichen Zucker (280 g) einrieseln lassen. 4 Eier unterschlagen. Mehl und Backpulver mischen, abwechselnd mit Milch und 120 g Lemon Curd unterheben. 12 Papierförmchen in die Mulden des Muffinblechs setzen, zwei Drittel hoch mit der Hälfte des Teigs füllen und je 1 TL Lemon Curd daraufsetzen. Cupcakes im heißen Ofen (Mitte) 20 – 25 Min. backen. Herausnehmen, aus der Form lösen, abkühlen lassen. Zweite Portion ebenso backen.

3 Die restliche Butter schaumig schlagen, dabei den Puderzucker einrieseln lassen. 3 EL Lemon Curd unterschlagen und den Frischkäse unterheben. Die Creme 30 Min. kühl stellen. In einen Spritzbeutel mit Sterntülle geben und in großen Tuffs auf die Cupcakes spritzen. Mit der gezuckerten Zitronenschale garnieren.

HUGO-CHEESECAKE MIT HIMBEEREN

Konkurrenz für den New York Cheesecake: Was als Cocktail begeistert, schmeckt auch als Kuchen einfach hinreißend.

200 g Weizen- oder Dinkelmehl (Type 405 bzw. 630) und Mehl für die Arbeitsfläche
1 TL Backpulver
100 g kalte Butter
270 g Zucker
3 Eier (M)
Salz
600 g Frischkäse
250 g Sahnequark
5 EL Speisestärke
250 ml Prosecco
250 ml Holunderblütensirup
3 EL Zitronensaft
300 g TK-Himbeeren
2 Stängel Minze

Der absolute Kuchenhit

Für 1 Springform von 28 cm Ø (16 Stücke) | 40 Min. Zubereitung | 1 Std. 30 Min. Backen | 2 Std. Kühlen
Pro Stück ca. 465 kcal, 6 g EW, 19 g F, 39 g KH

1 Für den Teig Mehl und Backpulver in einer Schüssel mischen. die Butter klein schneiden und mit 50 g Zucker, 1 Ei, 1 Prise Salz und 1 EL Wasser dazugeben. Alles mit den Händen rasch zu einem geschmeidigen Teig kneten. Zu einer Kugel formen, in Frischhaltefolie wickeln und 30 Min. kühl stellen.

2 Den Backofen auf 140° vorheizen. Den Teig auf der bemehlten Arbeitsfläche zu einem Kreis von ca. 38 cm Ø ausrollen. Den Teig in die mit Backpapier ausgelegte Springform geben, dabei einen ca. 5 cm hohen Teigrand formen. Boden und Rand mit einer Gabel gleichmäßig einstechen.

3 Für die Käsemasse Frischkäse und Sahnequark mit 3 EL Speisestärke, 150 g Zucker, 150 ml Prosecco, 100 ml Holundersirup, restlichen Eiern und 2 EL Zitronensaft glatt rühren. Die Masse gleichmäßig auf dem Teig verteilen. Den Kuchen im heißen Ofen (Mitte) 1 Std. 30 Min. backen, bis die Masse gestockt, aber ungebräunt ist. Im ausgeschalteten, leicht geöffneten Ofen 30 Min. abkühlen lassen, herausnehmen und ca. 90 Min. kühl stellen.

4 Die Himbeeren in einen kleinen Topf geben. Restlichen Prosecco und Holundersirup, 20 g Zucker, restlichen Zitronensaft sowie übrige Speisestärke dazugeben und gut unterrühren. Einmal aufkochen, dann so lange einkochen, bis das Mus andickt.

5 Für den Minzzucker Minzeblätter waschen und gründlich trocken tupfen. Im Blitzhacker mit den restlichen 50 g Zucker fein mahlen. In ein Schälchen umfüllen. Den gekühlten Kuchen in 16 Stücke schneiden, mit Himbeermus und Minzzucker servieren. Dazu passt perfekt ein Glas Prosecco.

REGISTER

Damit Sie Rezepte mit bestimmten Zutaten noch schneller finden, sind in diesem Register auch beliebte Zutaten wie **Baguette** oder **Paprikaschoten** alphabetisch eingeordnet und hervorgehoben. Darunter finden Sie das Rezept Ihrer Wahl. Vegetarische Rezepte, die im Buch mit einem 🍃 gekennzeichnet sind, sind hier grün abgesetzt.

Projektleitung: Verena Kordick
Lektorat: Julei M. Habisreutinger
Korrektorat: Jutta Friedrich
Innen- und Umschlaggestaltung: independent Medien-Design, Horst Moser, München
Illustrationen: Kati Godron
Herstellung: Mendy Jost
Satz: Kösel, Krugzell
Reproduktion: Medienprinzen, München
Druck und Bindung: Schreckhase, Spangenberg
Syndication: www.jalag-syndication.de
Printed in Germany

2. Auflage 2016
ISBN 978-3-8338-4475-1
www.facebook.com/gu.verlag

GRÄFE UND UNZER
Ein Unternehmen der
GANSKE VERLAGSGRUPPE

Der Autor

Martin Kintrup kochte schon während seines Studiums mit Begeisterung in einem Café in Münster. Mittlerweile hat er das Kochen und Rezepte-Kreieren zum Beruf gemacht und arbeitet als Autor und Redakteur für mehrere Verlage.

Der Fotograf

Anke Schütz arbeitet als freie Fotografin vor den Toren Hamburgs. In ihrem Studio setzt sie bevorzugt Food- und Lifestyle-Themen in Szene und beweist dabei viel Liebe zum Detail. Zusammen mit **Diane Dittmer** (Foodstyling) und **Krisztina Zombori** (Requisite) hat sie bei diesem Shooting für Partystimmung gesorgt.

Bildnachweis

Autorenfoto: Food & Nude Photography, Münster; alle anderen Fotos: Anke Schütz

Titelrezept

Kräuter-Keftedes (S. 17), Filo-Törtchen mit Lachs (S. 18), Couscoussalat mit Granatapfel (S. 29)

Umwelthinweis:
Dieses Buch ist auf PEFC-zertifiziertem Papier aus nachhaltiger Waldwirtschaft gedruckt.

QUALITÄTS G|U GARANTIE

Liebe Leserin, lieber Leser,

haben wir Ihre Erwartungen erfüllt? Sind Sie mit diesem Buch zufrieden? Haben Sie weitere Fragen zu diesem Thema? Wir freuen uns auf Ihre Rückmeldung, auf Lob, Kritik und Anregungen, damit wir für Sie immer besser werden können.

GRÄFE UND UNZER Verlag
Leserservice
Postfach 86 03 13
81630 München
E-Mail:
leserservice@graefe-und-unzer.de

Telefon: 00800 / 72 37 33 33*
Telefax: 00800 / 50 12 05 44*
Mo–Do: 9.00 – 17.00 Uhr
Fr: 9.00 – 16.00 Uhr
(gebührenfrei in D, A, CH)*

Ihr GRÄFE UND UNZER Verlag
Der erste Ratgeberverlag – seit 1722.

Backofenhinweis:
Die Backzeiten können je nach Herd variieren. Die Temperaturangaben in unseren Rezepten beziehen sich auf das Backen im Elektroherd mit Ober- und Unterhitze und können bei Gasherden oder Backen mit Umluft abweichen. Details entnehmen Sie bitte Ihrer Gebrauchsanweisung.

Appetit auf mehr?

ISBN 978-3-8338-3964-1

ISBN 978-3-8338-3775-3

ISBN 978-3-8338-4123-1

Laden im App Store

ISBN 978-3-8338-4125-5

ISBN 978-3-8338-3768-5

Alle hier vorgestellten Bücher sind auch als eBook erhältlich.

G|U

Willkommen im Leben.

Mehr von GU auf **www.gu.de** und
facebook.com/gu.verlag

OFENFRISCHE PARTYBROTE

Nichts schmeckt besser als selbst gebackenes Brot! Und da es auf jeder Party so einiges zu stippen und dippen gibt, backen Sie am besten gleich beide Sorten.

LAUCH-WALNUSS-BAGUETTES

Für 4 Baguettes: 2 Stangen Lauch längs vierteln, waschen, abtropfen lassen. Klein schneiden, in 3 EL Öl andünsten. 1 kg Dinkelmehl (Type 630), Lauch, 100 g zerkleinerte Walnusskerne, 150 g geriebenen Greyerzer, 1 Pck. Dinkelsauerteigextrakt (30 g; Bioladen), 1 EL Zucker und 3 TL Salz mischen. 1 Würfel Hefe (42 g) in 600 ml lauwarmem Wasser auflösen, dazugeben. Zu einem glatten Teig kneten, zugedeckt an einem warmen Ort 2 Std. gehen lassen. Teig in 4 Portionen teilen, 35 cm lange Rollen formen, zugedeckt auf 2 Lagen Backpapier 15 Min. gehen lassen. Rollen in sich verdrehen, schräg einritzen, mit 3 EL Joghurt bestreichen. In zwei Portionen im vorgeheizten Backofen (200°, Mitte) in ca. 35 Min. knusprig backen.

LAUGENSTANGEN MIT SPECK

Für 4 Stangen: 500 g Weizen- oder Dinkelmehl (Type 405 bzw. 630), 100 g Schinkenwürfel, 2 TL Kümmelsamen (nach Belieben), 1 ½ TL Salz und 2 TL Zucker mischen. 1 Würfel Hefe (42 g) in 200 ml lauwarmem Wasser und 100 ml Milch auflösen. Mit 4 EL geschmolzener Butter zur Mehlmischung gießen, in ca. 5 Min. zu einem glatten Teig kneten. Zugedeckt an einem warmen Ort 1 Std. gehen lassen. In 4 Portionen teilen, 20 cm lange Rollen formen. 50 g Back-Natron in 1 l kochendem Wasser auflösen. Die Laibe je 30 Sek. im siedenden Wasser ziehen lassen. Mit einem Schaumlöffel herausheben, auf dem mit Backpapier ausgelegten Blech im vorgeheizten Backofen (200°, Mitte) in ca. 20 – 25 Min. knusprig backen.